Benjamin Alencar - 2022

Talvez

Dados Internacionais para Catalogação na Publicação (CIP)
(Maria Teresa A. Gonzati / CRB 9-1584 / Curitiba, PR, Brasil)

G326 Van Genechten, Guido.
Talvez / Guido van Genechten ; tradução Lavínia Fávero. — Curitiba : Positivo, 2015.
48 p. : il.

Título original: *Misschien*
ISBN 978-85-385-9154-2

1. Literatura infantil . I. Fávero, Lavínia. II. Título.

CDU 82.053-2

Publicado pela primeira vez na Bélgica e na Holanda em 2014 por Clavis Uitegeverij, Hasselt-Amsterdã-Nova York.

Edição brasileira viabilizada por Lavínia Fávero.

Direção de programas de governo e governança editorial: Márcia Takeuchi
Tradução: Lavínia Fávero
Revisão: Kátia Scaff Marques (superv.), Bruna Botter Targas, Maiza Prande Bernardello
Supervisão de arte: Juliano de Arruda Fernandes
Edição de arte e capa: Aurélio Camilo, Janaina Beltrame, Rosangela Cesar de Lima Braga
Produção gráfica: Danilo Marques da Silva
Assistência editorial: Emilia Yamada, Karina Miquelini

Rua Major Heitor Guimarães, 174
80440-120 — Curitiba — PR
Site: www.editorapositivo.com.br
Fale com a gente: 0800 723 68 68

Impressão e acabamento:
Gráfica e Editora Posigraf Ltda.

1ª edição
2ª impressão

Impresso no Brasil
1 2 3 4 5 7 8 9 10 11 12

2017

Talvez

Guido van Genechten

Tradução: Lavínia Fávero

EDITORA POSITIVO

Talvez

tudo tenha começado assim...

Talvez, no começo, só existissem as cores.

vermelho

amarelo

azul

Só depois
apareceram as
formas.
Talvez, o vermelho
tenha dito:
“Obrigado”.
E o amarelo falado:
“Eeeeeeba!”.
E o azul talvez tenha
comentado:
“Que legal! Agora
tenho uma forma”.

Obrigado.

Eeeeeeba!

Legal!

Talvez
todas as formas
sejam feitas
de vários
pedacinhos.
O círculo,
de circulozinhos.
O triângulo,
de triangulinhos.
O quadrado (é
claro),
de quadradinhos.

Talvez tudo seja feito desses pedacinhos.

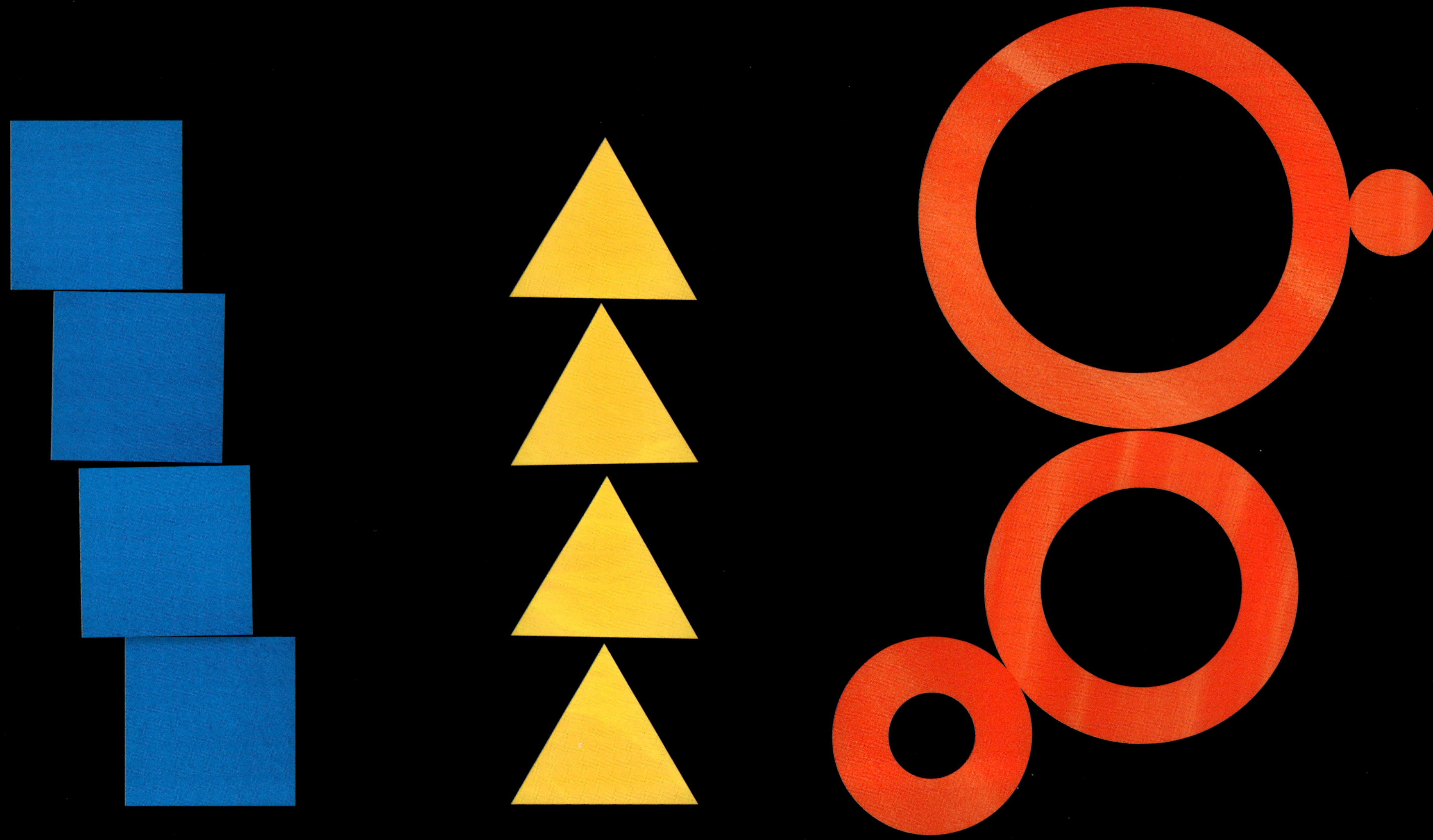

Todas as coisas. Todas as plantas. Todos os animais.

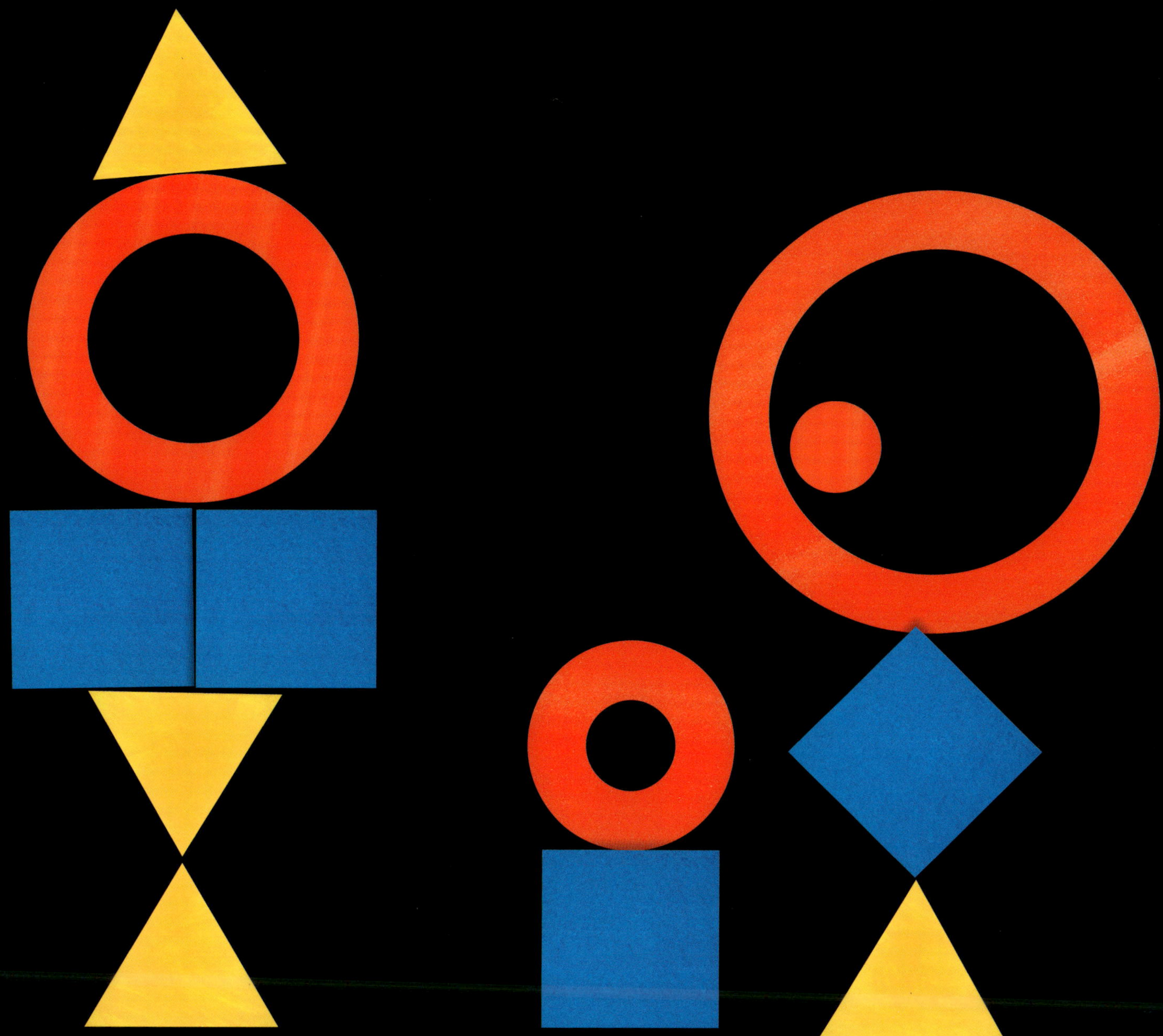

Todas as pessoas.

Todos os arbustos,
todas as árvores,
todas as flores,
todas as folhas.

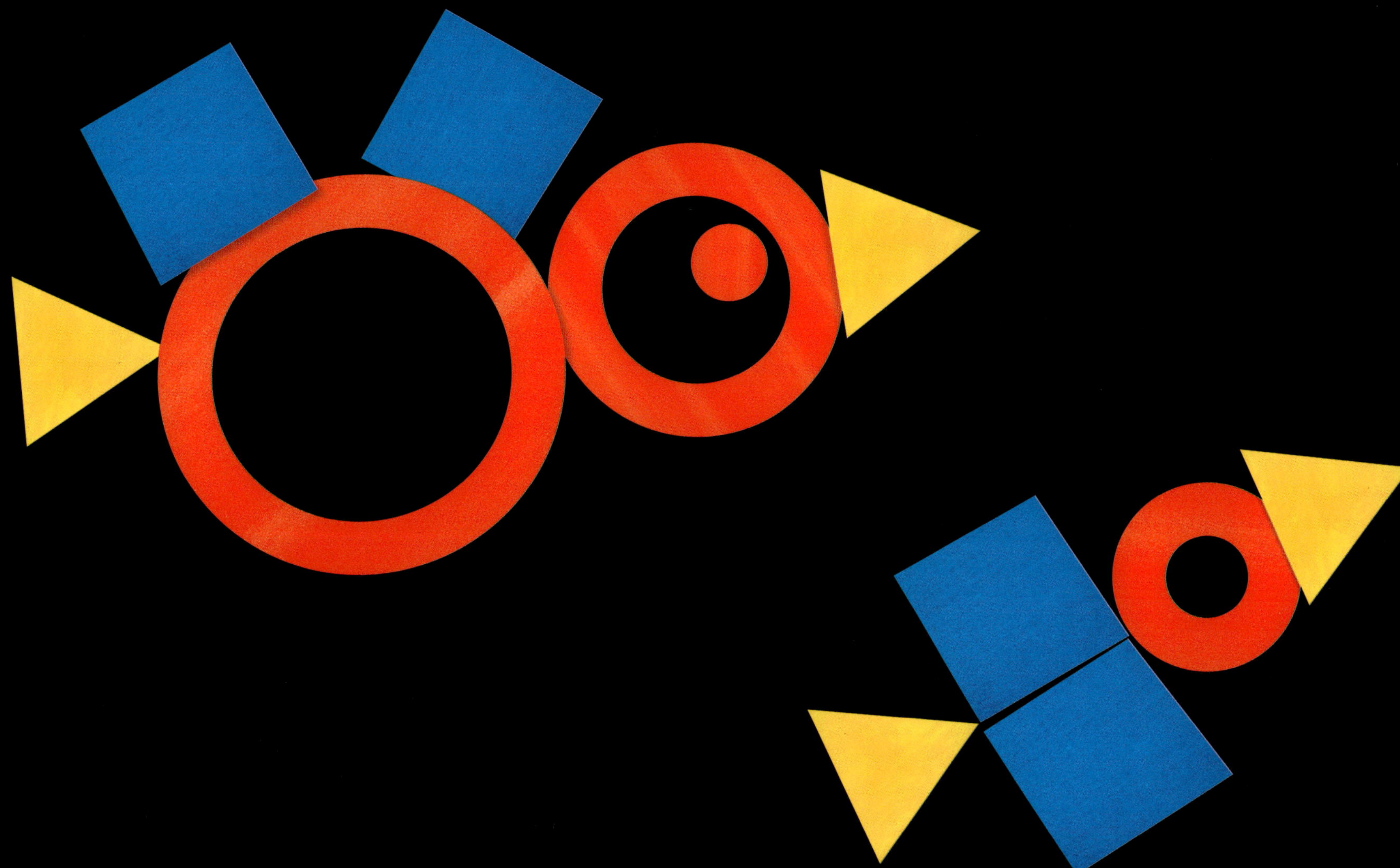

Todos os animais que voam.

Todos os animais que rastejam, pulam, balançam e flutuam.

Todos os que
rugem,
latem,
rosnam
e mugem.

Todas as mamães e todos os papais

que se amam muito.

Todas as crianças que correm, pulam, gritam e cantam.

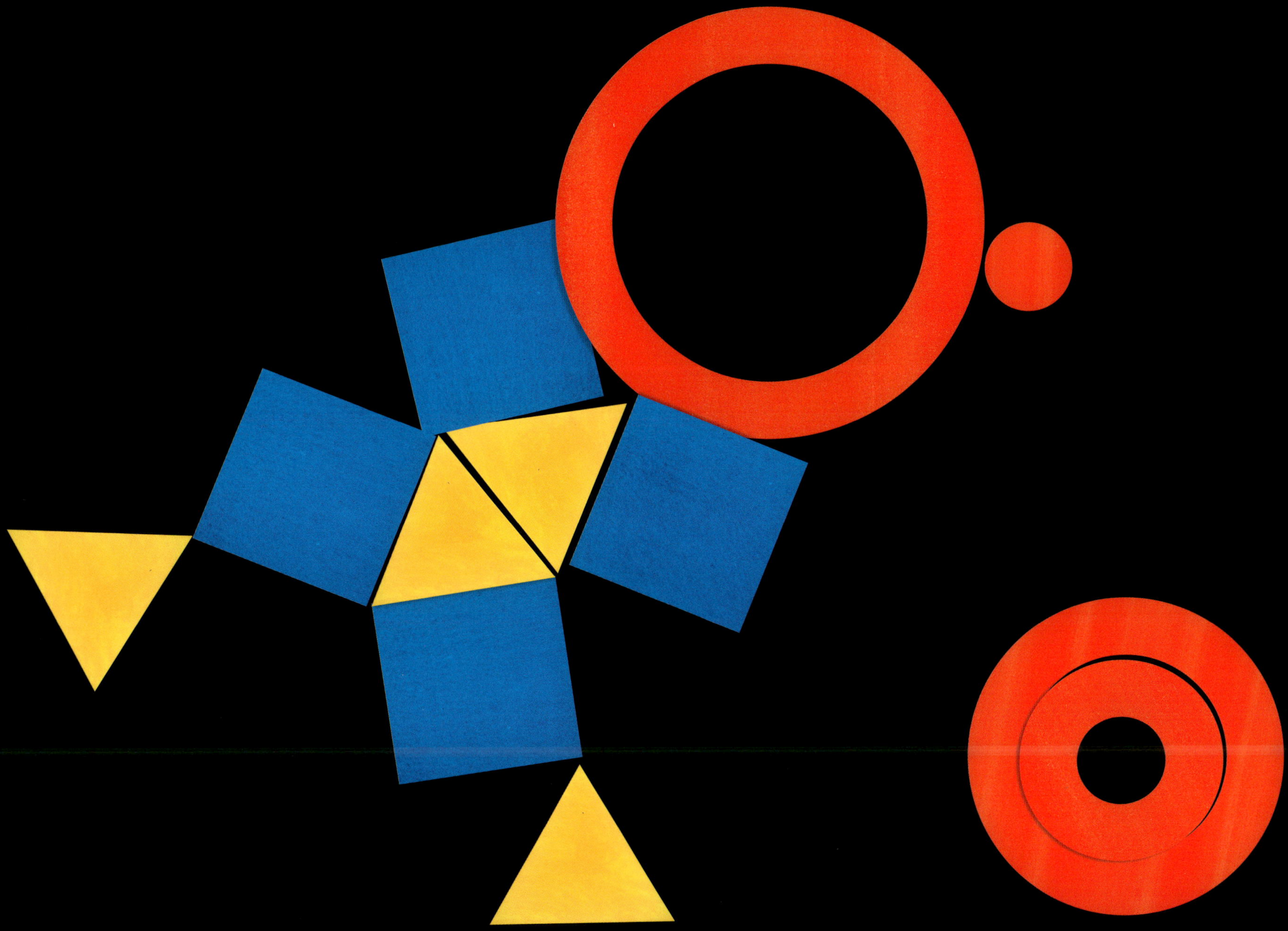

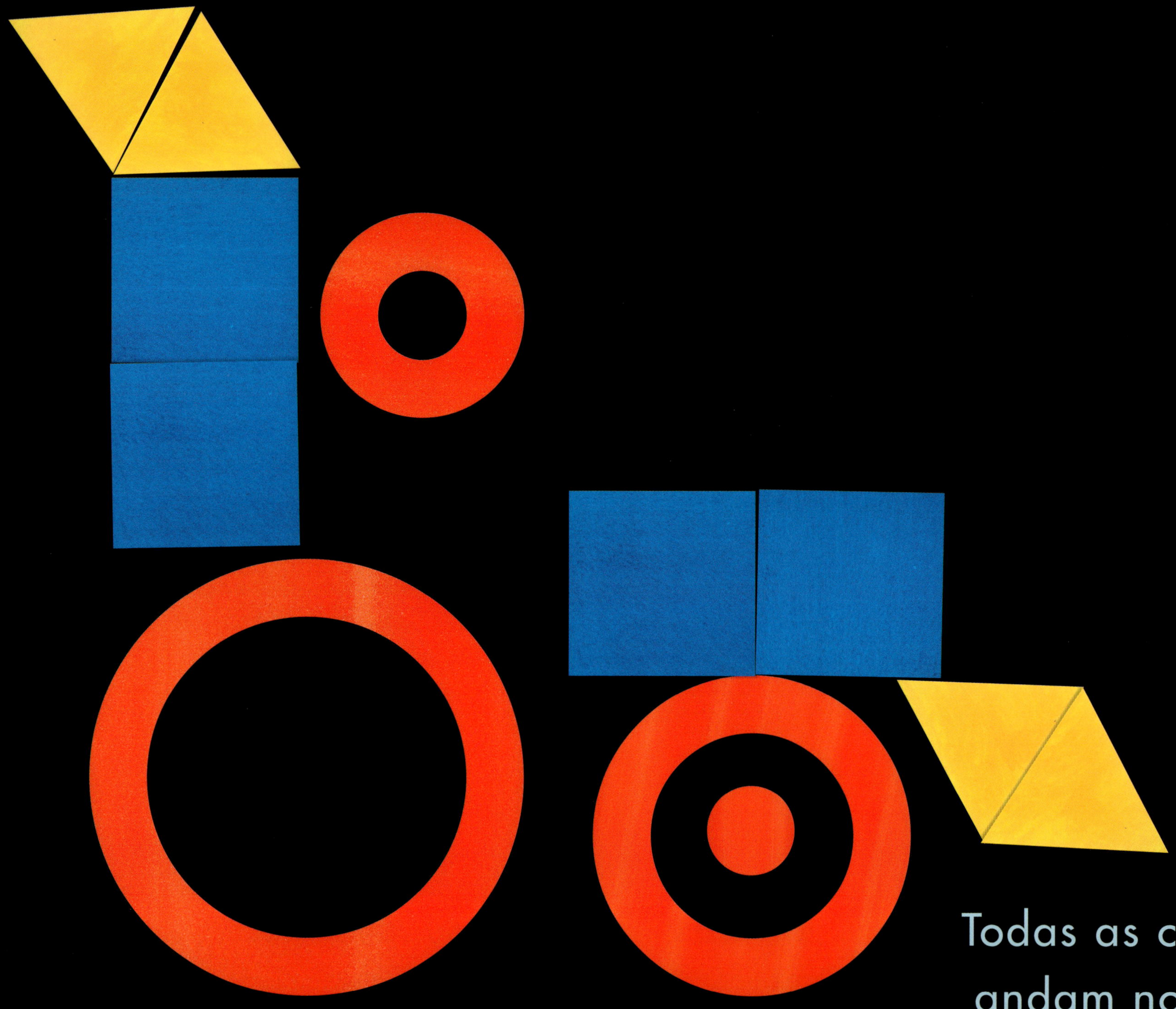

Todas as coisas que
andam nos trilhos,

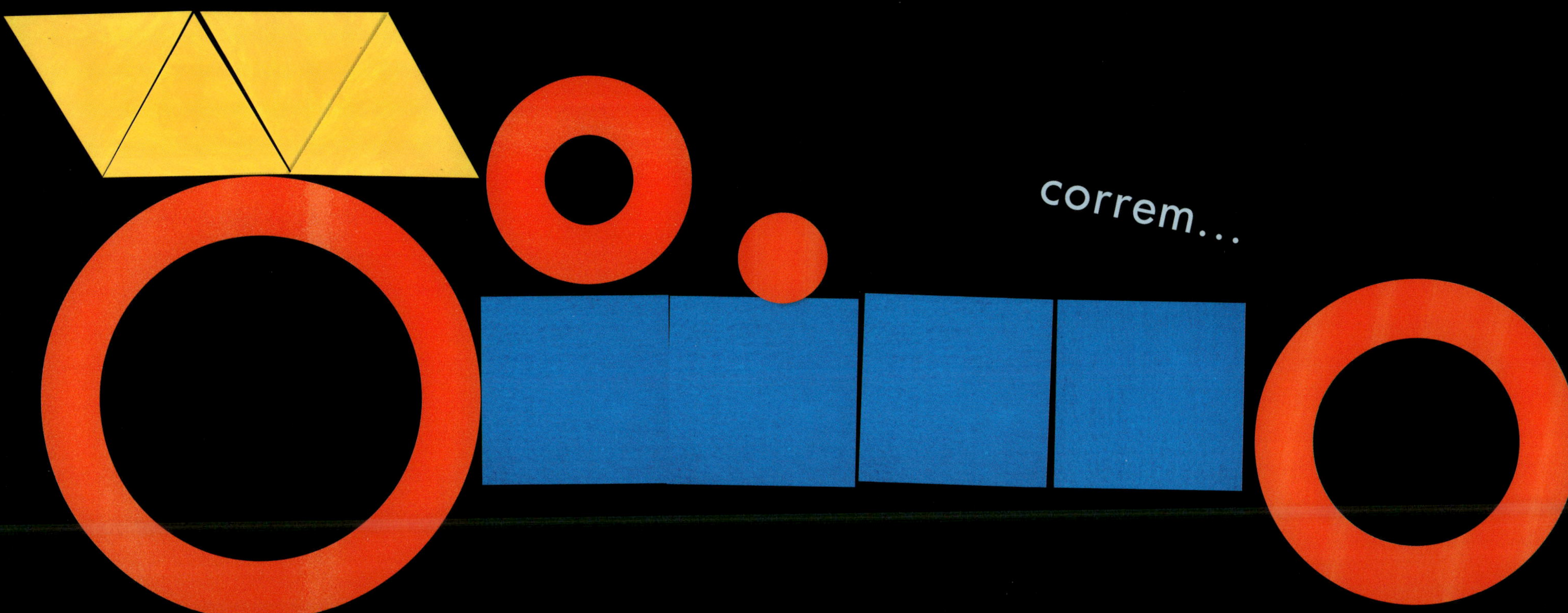

correm...

... rolam,

planam...

... empurram

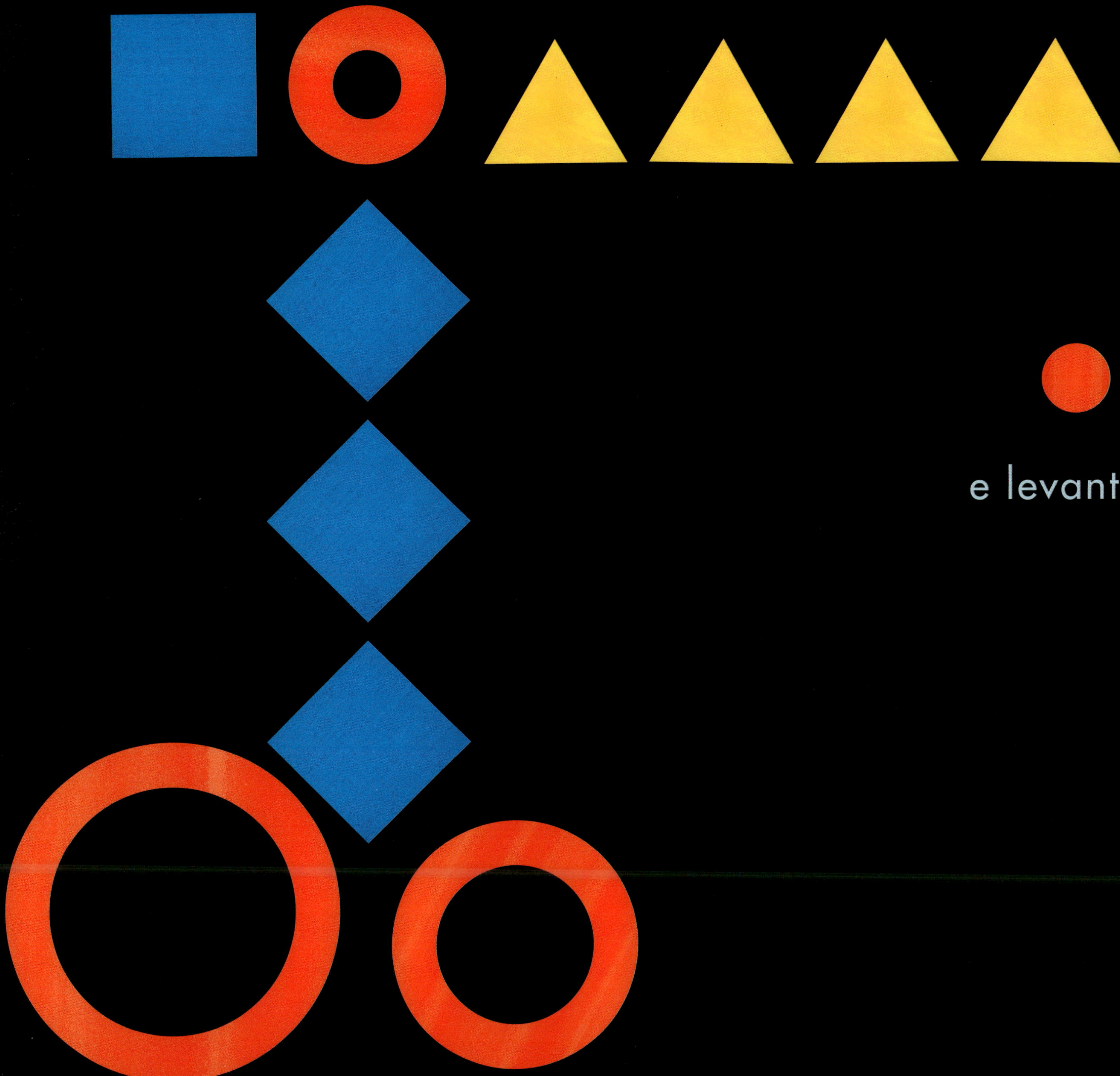

e levantam.

Todos os telhados de
todas as cidades.

Todas as torres e todos os relógios que existem nelas.

Todas as cidades

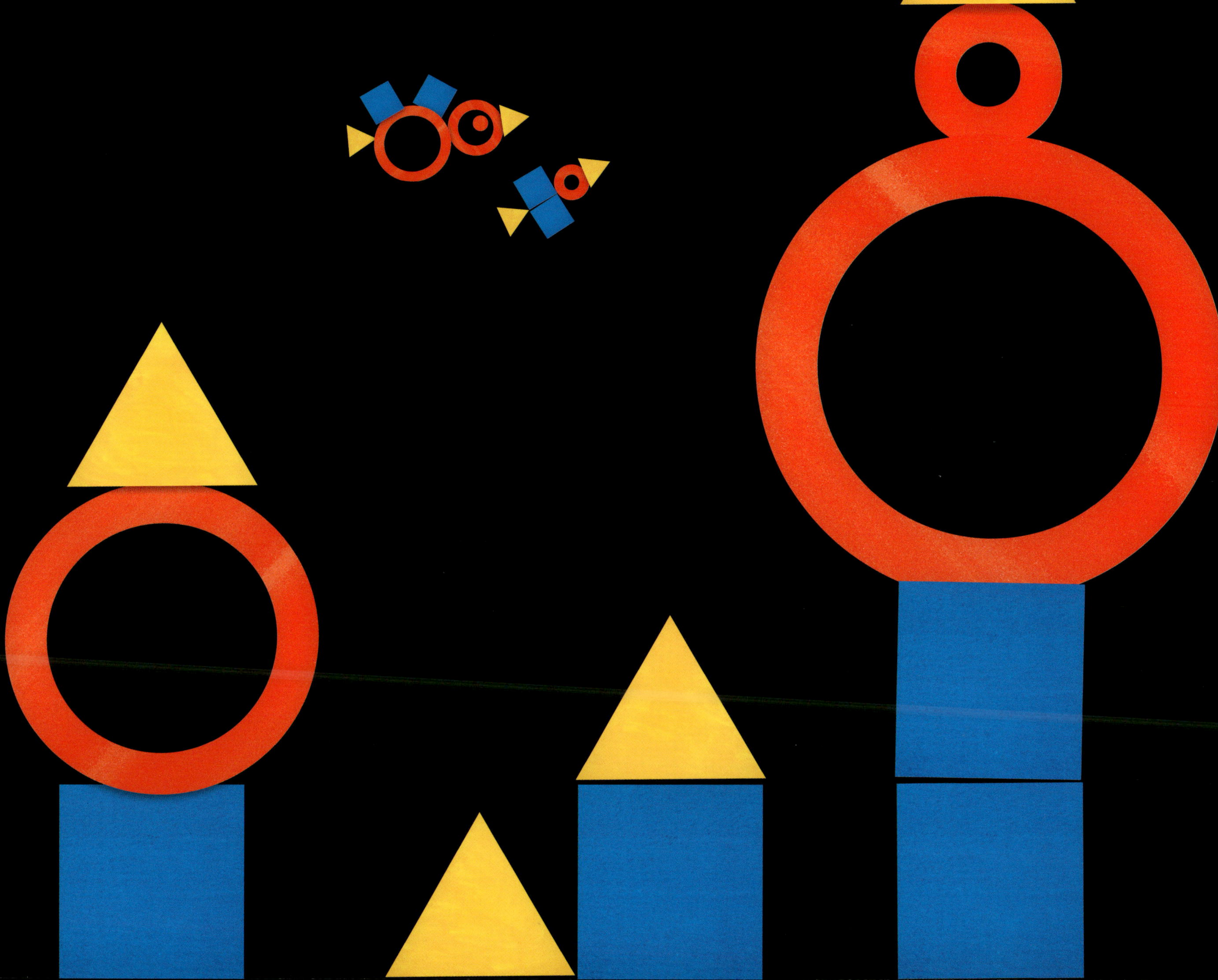

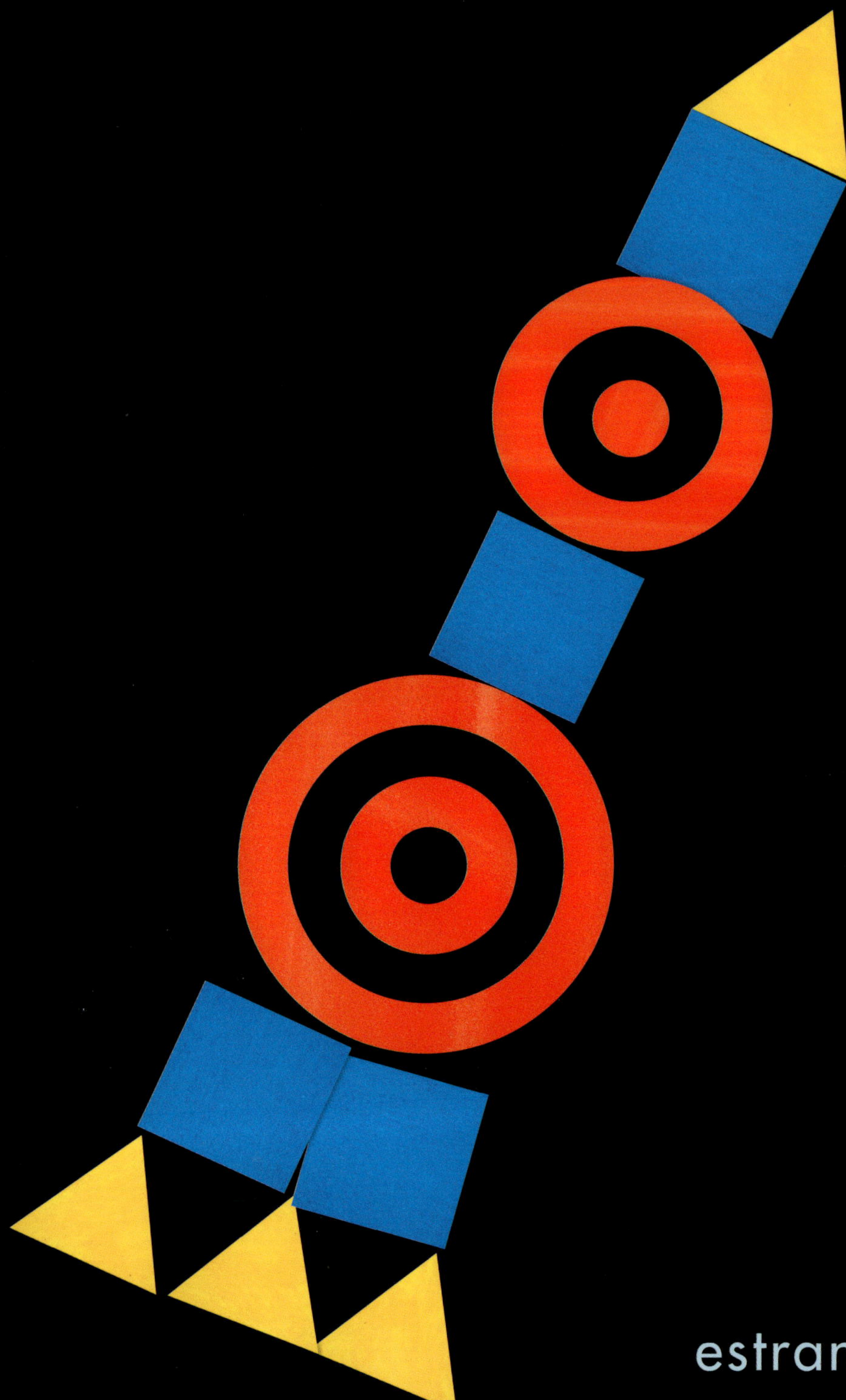

e todas aquelas máquinas
estranhas que navegam pelo espaço,

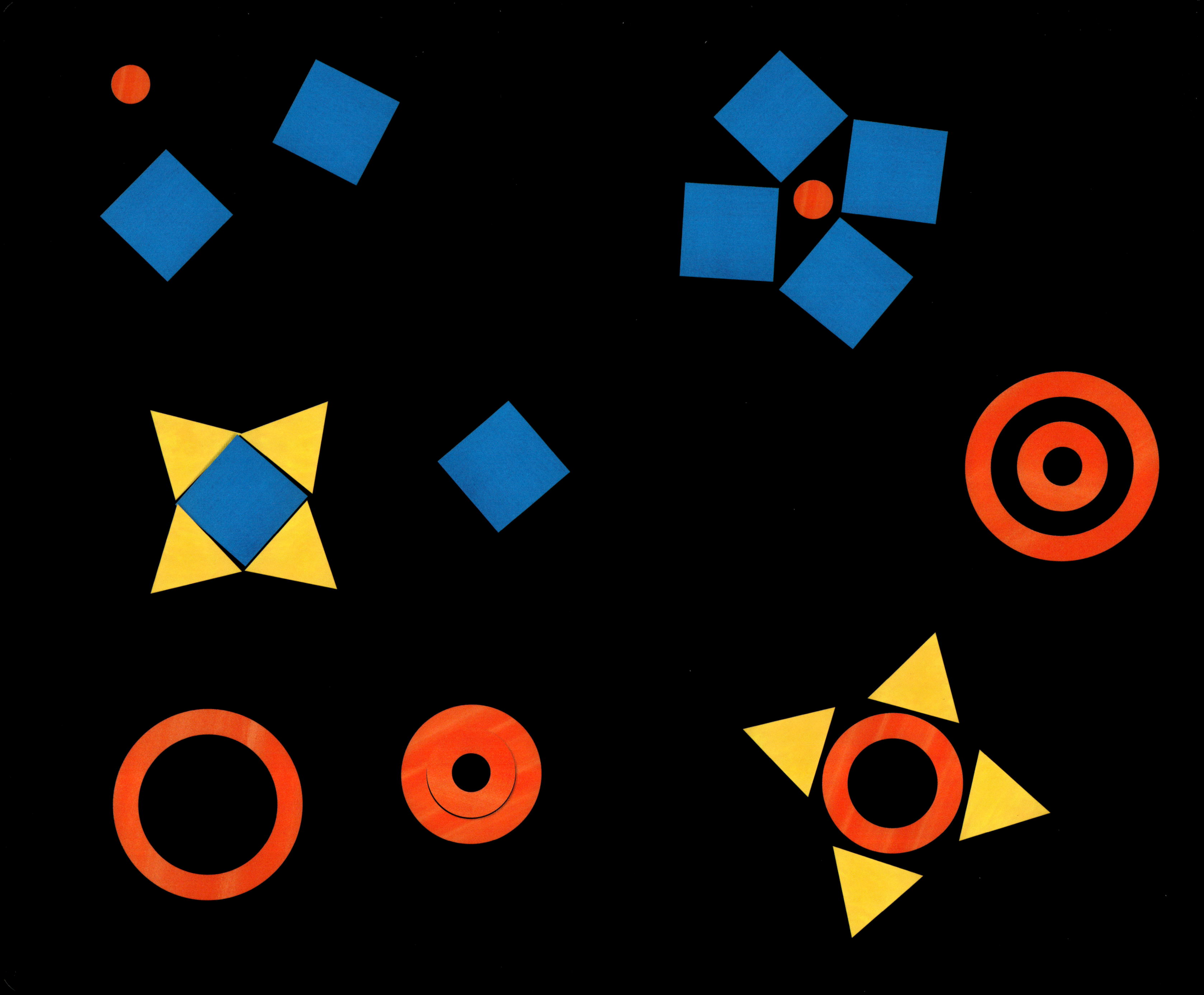

É, talvez
tudo seja
feito daqueles
pedacinhos.

Tudo mesmo.

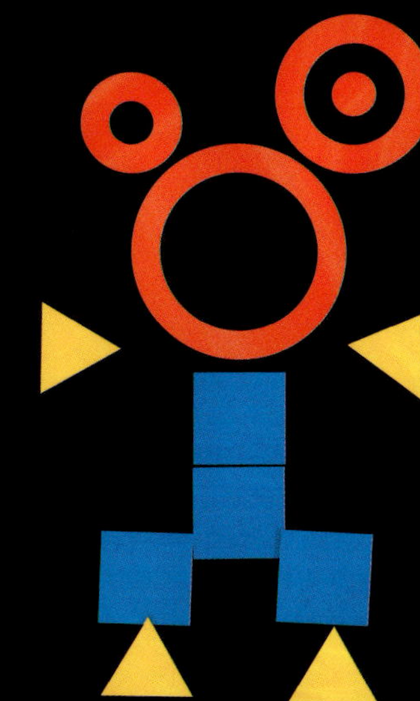

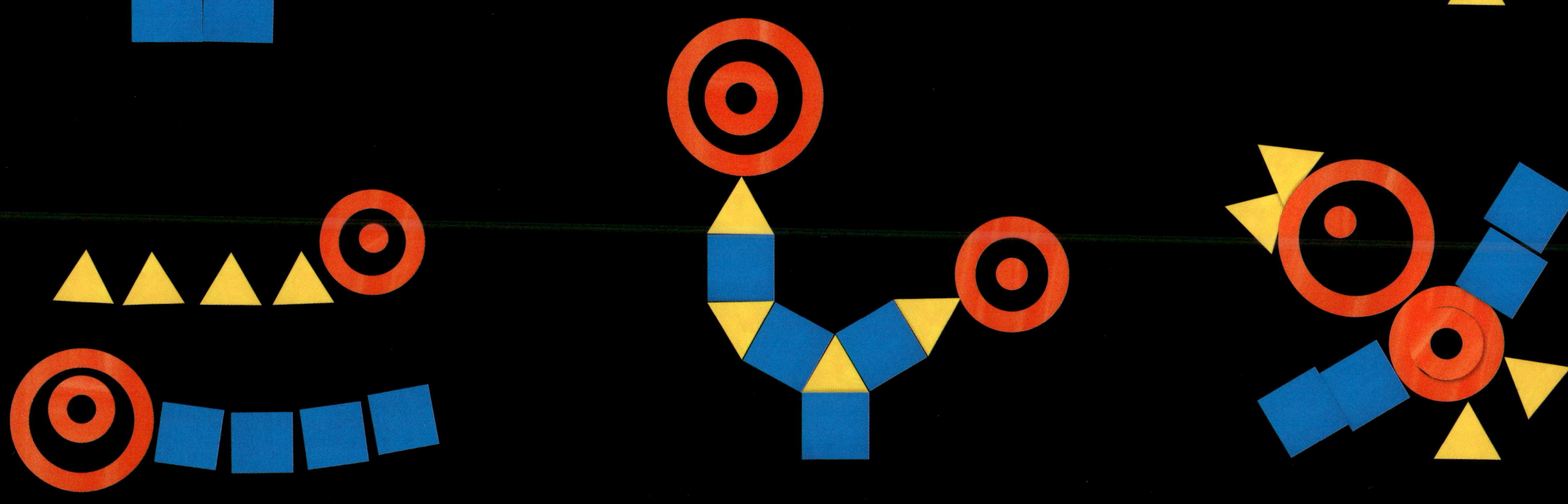

E
talvez
todas
as
coisas,
todas
as
plantas,

todos os animais e todas as pessoas voltem a ser aqueles pedacinhos quando morrem.

Talvez aqueles
pedacinhos formem
círculos, triângulos e
quadrados de novo.
Que se transformam
em...

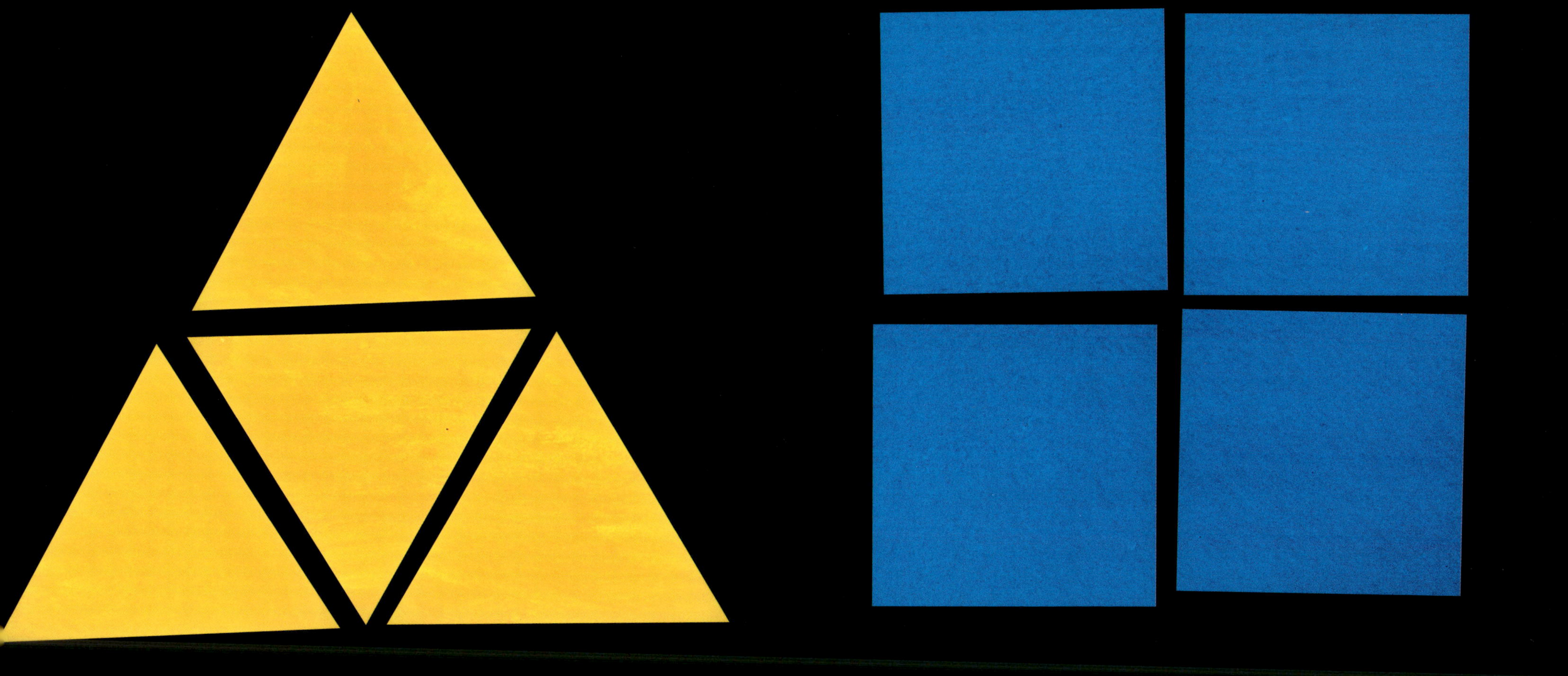

...cores

pu

ras novamente.

Muitas

e muitas vezes.

Todas as ilustrações deste livro
foram feitas com 12 formas:
quatro círculos*,
quatro triângulos
e quatro quadrados.
Tente você também!
O mundo vai ficar mais bonito
com suas criações.

* Ao mencionar as formas utilizadas para as ilustrações deste livro, o rigor nos exigiria dizer *três coroas circulares* e *um círculo*, em vez de *quatro círculos*. Optamos por evitar esse uso, **em atenção à faixa etária**.

Guido van Genechten/Arquivo pessoal

Guido van Genechten é um dos principais autores de livros infantis da Bélgica. Nasceu em 1957, na cidade belga de Mol. Estudou desenho, pintura, *design* e fotografia. Em 1995, publicou seu primeiro livro, *Rikki*. O sucesso foi imediato: a obra foi traduzida para 18 idiomas e recebeu o Prêmio Internacional de Ilustração da cidade de Hasselt, na Bélgica. Guido gosta de desenhar e escrever para crianças pequenas: já fez dezenas de livros para elas. Em muitos desses livros, animais simpáticos e divertidos aparecem no lugar dos seres humanos, contando histórias cheias de carinho e emoção.